Mein Aischgrund

Mein Aischgrund

Rund um Aurach, Aisch und Reiche Ebrach
von
Helmut Haberkamm und Erich Weiß

Verlag Fränkischer Tag

© 2002 Verlag Fränkischer Tag, Bamberg
Alle Rechte vorbehalten

Text und Faksimile-Titel: Helmut Haberkamm
Fotografien: Erich Weiß
Titelbild: Laufer Mühle; Rückseite: Karpfen – was sonst?
Autorenporträt: Sonja Krebs

Lektorat: Monika Beer
Mitarbeit: Klaus Angerstein, Bernhard Panzer
Produktion: Maren Ullrich
Gestaltung: Daniel Palasti
Reproduktionen: Walter Hanschkow, Martin Flohr
Gesamtherstellung: creo Druck & Medienservice, Bamberg

Printed in Germany
ISBN 3-928648-85-3

Mein Aischgrund

»– ach! was helfen einem alle Lorbeeren, wenn keine Karpfen dabei sind!«
Heinrich Heine, »Reisebilder«, 3. Teil

Aischgrund. Aurachgrund. Ebrachgrund. Weisachgrund. Zenngrund. Es gibt so viele Gründe, diese Gegend in Augenschein zu nehmen.

Das Wort *Grund* hat für mich eine ganz eigene Bewandtnis. Nicht allein deshalb, weil meine Wiege im Aischgrund stand. Nein. Ich liebe es einfach, dieses Leib- und Magen-Wort *Grund*, eine Art Schicksalslosung, mit dem dunklen Ton als muldentiefer Mitte, dem rauhen, reibenden, rollenden Anschlag und dem wohlig-milden Ausklang. *Grund.*

Der französische Schriftsteller und Philosoph Albert Camus hat in seinem Tagebuch einmal seine ganz persönlichen zehn Lieblingswörter festgehalten, die Schlüsselbegriffe seines Lebens: »Die Welt, der Schmerz, die Erde, die Mutter, die Menschen, die Wüste, die Ehre, das Elend, der Sommer, das Meer.« Das hat mir stets zu denken gegeben. Zu meinen eigenen Leib- und Seelen-Vokabeln gehören so Worte wie *Land* und *Hof*, *Seele* und *Sinn*. Natürlich auch der *Mund*, wie in Mundwerk, Mundart und Mündung. Dazu zähle ich das unspektakuläre Wort *heim*, das in Heimkehr steckt und in der Heimat, und die *Wiese* als Sinnbild von Garten, Kindheit, »Ärwerd« und Fest. Zu diesen gesellen sich die wundervollen Begriffe *Ort* und *Wort*, und schließlich mein Lieblingswort, der *Grund*. Und wenn man das alles als eins nimmt, ist man praktisch im Aisch-Grund.

Der Name der Aisch ist keltischen Ursprungs (»eisga-eisk«), drei Jahrtausende schwingen hier mit. Er bedeutet soviel wie fließendes Gewässer, Wasserlauf. Der Fluß mit seinen niedrigen Ufern, seinen Krümmungen und tückischen Tiefen, stellenweise immer wieder verbuscht und verkrautet, verschlammt und versandet. Die breiten, flach ansteigenden Talseiten mit dem Waldgürtel als Tellerrand. Die Aisch ist für mich zum Sinnbild des Lebens geworden. Ein kleiner Anfang sucht sich als Rinnsal seinen Weg, richtet sich als Bach dann sein Bett zurecht, fließt langsam, schwerfällig, ja freudlos und unbeholfen durch die Gegend, schlängelt sich durch den grünen Grund, erlebt, daß Abschweifungen oft die schönsten Verbindungen ergeben, und findet zu guter Letzt sein Ziel, wenn er eingeht in ein größeres Ganzes. Der Fluß als Anfang und Ende, als Ursprung und Mündung alles Lebendigen, Sinnbild für Dauer und Vergänglichkeit, für eine Stille, die man greifen, atmen, sehen und riechen kann. Die Mundart macht aus der Aisch eine »Aasch«, und in diesem Klangbild Aasch, da hört man schon des Matschige, des Morastige vo dem Flußbett, des Glucksen und Schmatzen vo die lehmbrauna, bretterschwern, britscherbraadn Schlammfluten, wenn's wieder amoll a Hochwasser gibt, des baazwaache, sabberloddergwaatscherde Schlupfen und Stapfen vo die Weiherstiefel beim Oofischen, ja und des sanfte Reim voddi Kieselstaa im Schlamm unterm Karpfen seim glitschichn Bauch. Horch, heersders?

☼

Aischgrund. Wenn das Wort heute fällt, denken die meisten an Weiherketten und Spiegelkarpfen, und das mit gutem Grund. Anderen schießt sofort Sprudelwasser in den Sinn: Franken Brunnen läßt grüßen. Hufnagel, Windsheimer, Freilandmuseum, NEAndertaler, Frankens gemütliche Ecke, Naturpark Steigerwald. Allenthalben hört man es raunen von Karpfenschmeckerwochen, Bullenparaden, einer Bierstraße, einer Bocksbeutelstraße, einem Aischtalradweg. Große Namen wie Franz Daniel Pastorius, Peter Kolb oder Georg Friedrich Rebmann bringt leider kaum einer ins Gespräch.

Manche kennen die Aischgründer Zuverlässigkeitsfahrt, wenn im Herbst röhrende Motorräder durch das morastige Gelände donnern. Viele erinnern sich an den TSV Vestenbergsgreuth, die legendäre Teebeutel-Truppe aus der Pampa, die einst die Münchner Bayern aus dem DFB-Pokal warf. Die wenigsten wissen, daß nicht nur Martin Bauer, dessen Kräuter-Unternehmen den Grundstock legte für die heutige SpVgg Greuther Fürth, aus diesem kleinen Dorf »Greid« stammte, sondern daß auch Gustav Schickedanz hier als Hausierer mit einem Bauchladen seinen Aufstieg begann, ganz ähnlich übrigens wie Michael A. Roth, der als junger Kerl in Demantsfürth anfing von Tür zu Tür zu ziehen, um altes Eisen zu sammeln und Linoleum unter die Leute zu bringen. Insofern ist der Aischgrund die Wiege gewesen für den Quelle-Konzern und das ARO-Teppichboden-Imperium. Ohne den Aischgrund wären also die Clubberer und die Kleeblättler »halt bloß bessera Browinz-Bolzer bliem«.

Zugegeben, der Aischgrund liegt eigentlich etwas ab vom Schuß, aber er hat es in sich. Etlichen bedeutsamen Besuchern verdanken wir großartige Zeugnisse über diese Landschaft. Martin Luther predigte hier, Thomas Müntzer tauchte einmal auf, Casanova stieg in Emskirchen ab, Maria Theresia in Neustadt an der Aisch, Napoleon zog mit seinem Heer durch Richtung Rußland, etliche Jahre später scharte Adolf Hiler hier seine ersten Söldner um sich, bevor er die jungen Männer ebenfalls auf die Felder der Ehre nach Rußland schickte. Aber wenden wir uns lieber erquicklicheren Geistern zu.

Als der Dichter Friedrich Hölderlin vor über 200 Jahren das Aischtal durchwanderte, notierte er in seinem Notizbuch das folgende Fragment:

> Gastfreundlich nahmst du, Behäbige, bei dir mich auf,
> Lehrtest dem Fremdlinge, schlummerlos unter Gestirnen,
> Das strömende Wort mit freiem Genügen; ein Wiegensang,
> Schicksalskundig und traurigfroh, Aisch, deine Gestade,
> Die vielbeglückten, hingleitendes Bildnis im sonnigen Herbst,
> zwischen fränkischen Buckeln, bei Glocken und goldigen Birnen…

Wilhelm Heinrich Wackenroder und Ludwig Tieck, die zwei Berliner Studenten in Erlangen, die im Jahre 1793 voller Begeisterung das »Muggendorfer Gebürg« bereisten und damit die Fränkische Schweiz als romantische Seelenlandschaft erst entdeckten, stießen im Aischgrund freilich auf weniger ansprechende Phänomene: »Unter den Frauen finden sich viele ungestalte, stockige Figuren mit kropfigen Hälsen, sie tragen eine dickwulstige Tracht und Kopftücher, als wenn sie Zahnweh hätten. Gegen Forchheim zu sprechen sie am undeutlichsten und verwirrtesten, mit einem breiten, vollen Munde, in dem die Worte hin- und herpurzeln wie weiche, heiße Klößbrocken. Fragt sie der Fremde nach dem Weg, so bekommt er ein ungeheuerliches Kauderwelsch zu hören, in dem Wortbrocken wie Ding dodd droom, Drimmer dodd drund und Drimmla dodd dreem wild durcheinanderprallen…

Bei Willersdorf sahen wir das allermerkwürdigste Mysterium: ein ochsenblutrotes Balkenkruzifix, dessen vergoldete Christusfigur verschwunden war, nur die Hände und Füße waren noch angenagelt am Holz verblieben, als hätte der Heiland Hals über Kopf stiften gehen müssen und hätte darüber seine äußersten Gliedmaßen zurückgelassen. Ein Gleichnis ganz eigener Art. Franken mit Hand und Fuß gewissermaßen.«

Nun ja, die hopfenherbe Schönheit des Aischgrunds kommt eben nicht immer so leicht zum Vorschein. Im Nachlaß von Johann Peter Hebel, dem Verfasser des »Rheinischen Hausfreundes«, der als Student in Erlangen weilte, fand sich eine Kalendergeschichte über das »wunderliche Gesicht von Tragelhöchstädt«, eine Begebenheit »in einem der beschaulichsten Winkel des Frankenlandes, dem stillen Weihergründlein der Ägelsbach, als vor langer Zeit ein fürchterliches Untier am Himmel sieben Menschen hinfort gerissen, mitsamt dem Grund unter ihren Füßen«.

Jean Paul, der große Erzähler aus Bayreuth, und Ernst Theodor Amadeus Hoffmann, der preußische Musiker und Literat in Bamberg, wanderten 1810 einmal gemeinsam an der Aisch entlang, verglichen das Land mit seinen Bäumen im Abendsonnenschein mit einem »Damenhut voller Blumen hinter einem Kronleuchter« und erblickten »kühne Recken, glänzend wie die Butterkremtorten«. Die beiden versumpften dann gotterbärmlich in diversen Brauschänken zwischen Schlammersdorf und Lonnerstadt, so daß sie schließlich mit erhobenen Wanderstöcken auf verdatterte Bauern losgingen, wie die Scheunendrescher auf Heuböcke einschlugen und dabei laut »Dulcinea! Genoveva! Thusnelda!« brüllten. Wochenlang laborierten die beiden noch an den aischgründlichen Prellungen und Blutergüssen, die sie von diesem Hintertreffen davontrugen.

Victor von Scheffel, der Verfasser des berüchtigten Frankenliedes, dichtete hier die wenig bekannte Ballade von den »Herrgottsköpf und Schlappenschustern«, was auf die Spottnamen der Dachsbacher und Herzogenauracher Bezug nimmt:

> Du Herrgottskopf in Dachsbach dort
> du wirst dir Hörner holen,
> denn wie der Nibelungenhort
> wird dir dein Stolz gestohlen!
> So wie du Stärk' gewonnen,
> wird dir der Staat genommen!

Die unzweifelhaft eindrucksvollste und tiefgründigste Untersuchung dieser Gegend verdanken wir allerdings Jakob Wassermann, dem fabulierfreudigen Verfasser von Romanklassikern wie »Das Gänsemännchen«, »Caspar Hauser« und »Der Fall Maurizius«. Der gebürtige Fürther schrieb nach einer Wandertour im Jahre 1902 einen Aufsatz über den Aischgrund, der zum Besten gehört, was jemals über diese Region zu Papier gebracht wurde.

✻

Verläßt der Reisende heute die Stadtstraßen Fürths oder Nürnbergs und die umliegenden kieferbestückten Sandebenen, dann streift sein Auge über die ernsten Ackerflächen und weitgezogenen Waldsäume des Rangaus, bis ihn dann der Aischgrund mit offenen Armen aufnimmt, ein fruchtbarer Wiesengrund am östlichen Rücken des Steigerwalds. Die Strenge der Landschaft spiegelt sich in den Böden, Wolken und Weihern, den Feldstücken mit dem Getreide, dem Hopfen und Meerrettich, den Erdäpfeln und Rüben, sie findet sich aber auch wieder in den mit Sandstein und Fachwerk zusammengesetzten Dörfern mit den bäuerlichen Verhältnissen und Verrichtungen. Es gehört ja zu meiner festen Überzeugung, daß wir von Grund auf dem verhaftet bleiben, was uns hervorgebracht und geformt hat. Geschichte, Sprache und Geistesart einer Landschaft sind aufs Allerengste mit unserem Wesen verwoben, ob wir es wahrnehmen und begrüßen oder nicht.

Michaelimilde Septembersonne. Der grundige Geschmack von Herbstnebeln und erntezeitigen Hackfrüchten erfüllt das Land. Nichts Malerisches, nichts Süßes, aber auch nichts Schroffes und Erhabenes betört das Auge des Betrachters. Es ist eine schlichtweg unscheinbare, wirtliche, sogar anmutige Herzlandschaft Deutschlands, eine, die Sehnsüchte aufkeimen läßt und den geistig Empfänglichen antreibt zu Aufbruch und Wagnis. Ihr eigentümlicher Liebreiz liegt in der dörflichen Einfachheit verborgen, in der von werkkundiger Hand gestalteten Fülle und Farbenpracht der Bauerngärten mit den Gemüsebeeten, Küchenkräutern und Festtagsblumen, in den Streuobstzeilen an den Feldrainen und Dorfrändern, in der grundsatten Wiesenflur und den Kleefeldern mit ihren Heuböcken, der buntscheckigen Flur mit den im Gleichmaß sensenden Bauern und Knechten, dem Ochsengespann vor einem im Schollenmeer ackernden

Pflug, in der schweißwarmen, lautstarken Geselligkeit bei Kirchweih und Niederfall, in derbfrohen Liedern und Betzentänzen vor Burgen, Mühlen und Brauereien.

Die Poesie der alten fränkischen Häuser fällt dem Besucher stets aufs Neue ins Gemüt, die Mistgrube mitten in der Hofstelle zwischen den Backöfen und Brunnen, die Sandsteingebäude mit Traubenstock und Spalierobst an der Giebelseite, die Holzbänke vor den Blumenkästen, wo Pfeife schmauchende Austragsbauern ihre Geschichten weit zurückschwingen lassen zu Napoleon, Barbarossa und den Burgundern, während ihnen die Kinder auf den Sandsteinplatten und dem Leiterwagen an den Lippen hängen wie die Zecken am Hundsbalg. In solchen raren Momenten verschwindet alles Schwerflüssige und Düstere aus dem Landleben, aus den kleingehaltenen Lebenskreisen und oftmals herben Schicksalsläufen, und augenblicklich erblüht alles in leichter, strahlender Heiterkeit.

Spricht man von Altfränkisch, so denkt man an Rückständigkeit und Kleinkariertheit, an die Borniertheit hinter Butzenscheiben und Fachwerkbalken. Über die Engigkeit der finsteren Stuben und Krämerseelen in dieser Gegend dürfen wir uns in der Tat nicht durch wunschgetragene Verklärung betrügen. Schon im sechsten Jahrhundert beschweren sich die ersten Wallfahrer und Mönche, die die hiesigen Sumpfgründe und Nordwälder durchqueren mußten, über »scharfkantige und stumpfsinnige Strauchräuber«, die in »finsteren Erdhöhlen hausen und mit nackter Gewalt ihr erbärmliches Drauskommen erfechten«.

In den folgenden Jahrhunderten wurde das gemeine Landvolk hier nur allzu oft mit habgierigen Grundherren und kriegslüsterner Obrigkeit geschlagen, die dem Charakter der Leute den tiefsitzenden Argwohn und das bauernschlaue Duckmäusertum einflößten. Sie gehen im Grunde wenig aus sich heraus und hokken eher wie die Hackstöcke geduckt in sich drin. Wenn sie sich begeistern und erhitzen, dann braucht es Trunk, Rausch und hitziges Blut. Viele der Landleute sind von unmalerischer Stämmigkeit, gedrungen und korpulent, was hier als »eine feste Stärken« und ein »gesundes Aussehen« gilt. Die runkelrübenroten Klößköpf jedenfalls künden von angestammter Seßhaftigkeit und einschlägiger Erfahrung im Hausbrauwesen.

Die nüchterne Werktätigkeit und betriebssture Erwerbsgier der Leute verhindern bis heute, daß Herzensfreude und Gemeinschaftsinn das Leben veredeln können. Der kleinliche, ganz auf Habseligkeit ausgerichtete Biedersinn, der bei allem nur fragt, was es kostet, bringt und nutzt, hat viele Seelen vergiftet und treibt allenthalben sein heidnisches Unwesen. Wer immer nur Gewinn und Vorteil sucht, der vergällt und verstellt sich den wahren Kunst- und Lebensgenuß. Herkunft und Ansässigkeit bilden ja nur das Gehäuse, dem es Leben einzuhauchen gilt mit dem warmen Atem des schaffenden Geistes, um wahre Heimat erst entstehen zu lassen.

Der Menschenschlag des Aischgrunds ist eine reviertreue Gattung, gleichermaßen gründlich wie unergründlich. Die Alteingesessenen sind fleißig und selbstgenügsam, zu ihrem Wesen gehören Bedachtsamkeit und Zurückhaltung, das bescheidene Abtun und die berechnende Bauernschläue, die sich bis zur Gerissenheit auswachsen kann. Dem Auftrumpfer setzen sie geschickt ihre scheinbar naive Gutgläubigkeit entgegen, dem im schlimmsten Fall auch noch Hochdeutsch daherschwadronierenden »Schmarrorsch« und »Sprichbeitel« gehört ihr geballter Zweifel und Spott. Allem Fremden und allzu Neuen begegnen sie zunächst eher mit Mißtrauen, sie verachten alles Großspurige, Überspannte und Geldschneiderische. Sie warten erst einmal ab, zögern, halten sich bedeckt, lassen andere vorpreschen und sich leichthin die Finger verbrennen. Glückt andern ein gewagtes Unterfangen, werden sie schnell neugierig und neidisch, scheitern andere, heißt es: »Hobb ich's eich net gsocht? Ich hobb's ja gwißt! Des hat mer ja kumma sehng!«

Sie sind einfache, geradlinige, duldsame Menschen von schlichter Denkungsart. Mit Fleiß und Ausdauer geizen sie nicht, aber mit Großmut, Offenherzigkeit und Lebensfreude. Charme, Esprit und Savoir-vivre sind hier bis heute Fremdwörter geblieben. Jede Form von Enthusiasmus wird in enge Schranken gewiesen. Auch beim vorzüglichsten Festschmaus, im glücklichsten Moment, ist dem Aischgründer nur wenig Lob zu entlocken: »Kammer lassen«, meint er, »baßt scho«, »des dudds«, »doo kammer nix soong«. Weist man ihn zurecht, daß dies ja nicht gerade berauschend klinge, so erwidert er goschentrocken: »Nix gsocht is globt gnuuch.«

Ein Sich-Abfinden mit dem Gleichmaß der Tage erscheint den meisten als Gipfel der Zufriedenheit. Freilich können sie auch widerborstig und aufmüpfig sein, vorausgesetzt sie haben dabei nicht allzu viel zu opfern oder zu verlieren. Ansonsten duckt man sich lieber weg, bleibt bei seiner Ärwerd und denkt sich seinen Teil. Man streckt sich nach der Decke und tut halt, was man kann. Mißgunst und Mißtrauen sind weit verbreitet: Dauernd will man ihnen bloß das Geld aus der Tasche ziehen, murren sie, jeden Tag schmiert man sie anders aus, den Leuten geht's zu gut, so kann's doch net weitergeh, das führt zu nix Gutem, und die Klanna derfen na wieder die Zechn zohln, naja, der Herrgott werd's scho richten. So hört man sie reden. Im übrigen ist man dem Gerstensaft und dem Geldsparen stärker ergeben als dem Glauben und dem Gebet.

❋

Also gut, ich geb's zu; das ist nicht von Jakob Wassermann, sondern von mir. Aber es hätte schon von ihm sein können. Alle diese schönen Zeugnisse sind erdichtet. Weder Hölderlin noch Wackenroder oder Scheffel haben den Aischgrund in ihrem Werk je verewigt. Von August von Platen, Friedrich Rückert oder Ernst Penzoldt ganz zu schweigen. Weder Albrecht Dürer noch Ludwig Richter oder William Turner haben den Aischgrund im Bild festgehalten. Im Grunde ist es aber schon verwunderlich, daß die Kutsche des umtriebigen Dichterfürsten Goethe hier niemals Station machte. Zumindest jedoch hat er in seinem Drama vom Götz von Berlichingen meinem Geburtsort ein unvergängliches Denkmal gesetzt: »Geh auf den Weg nach Dachsbach, und leg dich mit dem Ohr auf die Erde, ob du nicht Pferde kommen hörst, und sei gleich wieder hier.«

Gehört zur Geschichte nicht auch das Ungeschehene, die (noch) nicht verwirklichten Möglichkeiten, die »nur« im Geiste vorgestellten Realitäten? Eine Landschaft birgt ja stets auch einen Bodenschatz an schlummernden Schichten, an Noch-nicht-zu-Tage-Gefördertem. Der Aischgrund als Schöpfung der Einbildungskraft gehört wirklich zu den schönsten Gegenden der Welt. Der Aischgrund der Seele gewissermaßen. Wie sagte doch der schlesische Dichter Joseph von Eichendorff so schön? »Wo ein Begeisterter steht, ist der Gipfel der Welt.« Recht hat er.

❋

Aischgrund, das bedeutet: keine Tropfsteinhöhlen, keine romantisch aufragenden Felsen, keine Versteinerungen, keine Bodenschätze. Fränkisches Schichtstufenland, Keupergebiet, Sandstein als tragfester Unterbau, seichtgründige Böden, weiträumiges Sohlental mit einem müde sich dahinschleppenden Fluß, einem Wiesengrund mit flachen Aufwölbungen, Nestlage. Immer wieder Brücken, Mühlen, Schneidsägen. Eher wasserarmes Gebiet, aber Weihergegend, aufgrund der stauenden Letten und des geringen Gefälles.

Aischgrund, das bedeutet: sumpfiges Flußtal, Durchzugsgebiet, Völkergemisch. Keltisches, germanisches, slawisches, fränkisches Rodungs- und Siedlungsland. Thüringer und Aischwenden. Als die Franken immer weiter ostwärts vordrangen, legten sie in Windsheim, Riedfeld und Forchheim ihre ersten Königshöfe an, es entstanden linksaischige Gründungen, dann rechtsaischige. Judengemeinden gibt es hier wohl schon seit dem Mittelalter, die jüdischen Kaufleute und Geldverleiher hatten großen Anteil am Handel und Wandel in dieser Gegend. Nach 1650 wanderten Tausende von Flüchtlingen aus Österreich hier ein, auch einige Hugenotten versprengte es in diesen Winkel Frankens. Der Franzosenkaiser zog 1812 mit seinem Heer hier durch, italienische Wanderarbeiter kamen zum Straßen- und Eisenbahnbau, sie alle hinterließen ihre Spuren in der Bevölkerung. Nach 1945 dann die Flüchtlinge aus den ehemals deutschen Siedlungsgebieten in Mittel- und Osteuropa, später die sogenannten Gastarbeiter, die Aussiedler, Vertriebene der Kriege am Balkan, Zuzügler aus aller Herren Länder.

Die Sprache legt davon Zeugnis ab. Wenn man Ausdrücke wie *ficherland*, *gwiefd* oder *blimmerand* benutzt, weiß man gar nicht mehr, daß das einmal französische Fremdwörter waren. Bei anderen Begriffen wie dem *Gree* (Kren) oder der *Blunzen* verhält es sich ähnlich, sie stammen aus dem Slawischen. Wörter wie *Dusel* und *Schlamassel*, Wendungen wie *An gutn Rutsch* oder *Hals- und Beinbruch* wurden der Umgangssprache der Juden abgelauscht. Selbst scheinbar so urfränkische Wörter wie *Weiher*, *Karpfen* und *Seidla* stammen von ganz woanders her, nämlich aus dem Lateinischen, und verweisen damit auf die von den Römern, den Missionaren und Mönchen importierten Kulturgüter aus dem Süden. Klöster wie Fulda waren nicht umsonst für diese Gegend ebenso bedeutsam wie die Bischofssitze Würzburg und Bamberg.

Bezeichnend für Franken ist seine innere Zersplitterung und Uneinigkeit, was sich niederschlägt in dem heillosen Kuddelmuddel aus Herrschaften, Grundherren, Ämtern, Gerichten, Abgaben und Rechten, wie es auch in den Dörfern des Aischgrunds jahrhundertelang vorzufinden war. Die Markgrafen und Hohenzollern, die Nürnberger, Forchheimer und Bayreuth-Ansbacher, die Pfeffersäcke und Krummstäbe, die Seckendorff und Schönborn, eines haben sie alle gemeinsam: Gestritten wurde immer. Im Markgrafenkrieg verbrannten die lutherischen Ansbacher sogar im evangelischen Lonnerstadt die Kirche und das Dorf. Auch die Nürnberger hausten wie die Vandalen, hängten die Dorfleute an Obstbäumen auf. Ihr Gegner, Markgraf Albrecht Alcibiades, ein Wüstling und Verbrecher sondergleichen, wollte das reiche Nürnberg mit aller Macht in seine Gewalt bringen und »ein Feuer anschüren, daß die Engel im Himmel die Füße einziehen müssen«, wie er verkündete. Bluten mußten aber immer die Bauern, nicht zuletzt im Aischgrund. Freilich soll das noch schlimmer gewesen sein, als die Hussiten im Land lagen...

In Höchstadt steht in der Nähe des Schlosses ein Bildstock, der eine Kreuzigung zeigt und dazu einen Vogelfuß mit waagrechtem Schenkel. Eine Inschrift verrät uns, daß hier einmal vor fünfhundert Jahren ein verhaßter Vogt »entleibt« wurde. Weil er ein allzu strenges Regiment führte, haben ihn die aufgebrachten Bürger kurzerhand erschlagen. Fränkischer Volkszorn. 1525 zogen die hellen Haufen der sich empörenden Bauern gegen die Schlösser und Klöster, der Aischgrund war ein Zentrum der Unruhen und Kämpfe, es wurde viel niedergebrannt, geplündert und getötet, aber wenig erreicht.

Im Dreißigjährigen Krieg brandschatzten die Schweden, die Kroaten und die Forchheimer den Aischgrund. Die katholischen Höchstädter überfielen Nürnberger Warenzüge auf der Hochstraße, deshalb wurde die Stadt von den Schweden am 10. März 1633 sturmreif geschossen und nach einem siebenstündigen Kampf geplündert, zerstört und in Schutt und Asche gelegt, Frauen, Kinder und Alte gnadenlos niedergemetzelt. Nur sieben Einheimische entgingen dem furchtbaren Blutbad, da sie sich in einem Dachstuhl oder einem Brunnen verstecken konnten. Um 1650 war der Aischgrund völlig verwüstet, die Äcker verwildert, kaum mehr Einwohner am Leben, aus Angst versteckten sie sich in den Wäldern. Immer wieder Krieg und Blutvergießen, so viel Leid, zugefügt von den eigenen Leuten.

Der ewige Streit über den richtigen Herrgott: Die Alten haben es noch selbst erlebt, wie man vor dem letzten Krieg mit Sensen und Gabeln aufeinander losgegangen ist, wenn die lutherischen Bauern auf die Äcker gingen oder Mistbrüh fuhren, als die Zeit kam für die Prozession der Katholischen, wie die Ortsburschen zum Stänkern, Schlägern und Stechen in ein nahes Dorf zogen, zu »die daamischen Fregger mit ihrm falschen Glaum«. Diese unseligen Zeiten der Glaubenskriege auf allerengstem Raum sind vorbei, Gott sei Dank.

✢

Aischgrund, Aurachgrund, das heißt: imposante Fachwerkbauten, Mühlen, Wirtshäuser, Bauernhöfe, Kirchen und Klöster, erstaunlich viele Burgen und Schlösser, Tortürme und altes Kopfsteinpflaster, Dorfweiher, Bauerngärten, Streuobstwiesen, Brunnen, Back- und Weiherhäuschen, Brückenheilige, Bildstökke und Sühnekreuze. Die schönen Aufnahmen in den Bildbänden und Wandkalendern dürfen uns jedoch nicht darüber hinwegtäuschen, daß wir nicht nur Nutznießer von Kultur, Frieden und Wohlstand sind, sondern auch Zeitgenossen einer schleichenden Zerstörung.

Es ist ein Jammer, wenn man sieht, welche Versehrungen auch diese Gegend heute zu erleiden hat, welch entstellende Wunden ihr tagtäglich geschlagen werden. Das beginnt beim »ganz normalen Wahnsinn«, dem Flächenfraß, der als Wachstum und Aufschwung bejubelt wird: Jeden Tag werden allein in Bayern sage und schreibe 29 Hektar pro Tag zugebaut und »versiegelt«, wie es so verlogen genannt wird. Alles für neue, noch schnellere Straßentrassen (ironischerweise für immer mehr geländegängige Off-Road-Fahrzeuge mit Allradantrieb), für flächendeckende, strotzhäßliche Gewerbegebiete und wildwuchernde Neubausiedlungen ohne Mitte und Gesicht, alles hingeklotzt »auf die grüne Wiese«. Alles im Namen von Steuereinnahmen, Arbeitsplätzen und Besucherzahlen. Dafür wird ausgewiesen und erschlossen, dafür wird jede Verschandelung als notwendige Baumaßnahme hingenommen. Landschaft als vernichtete Heimat.

Wer diese durchaus exemplarische Gegend genauer in Augenschein nimmt, erkennt inmitten der Zivilisationswüste aus Kauf-, Bau- und Getränkemärkten, Tankstellen, Autohäusern, Fertigungsstätten, Lagerhallen, Fast-Food-Schuppen, Bankgebäuden, Parkplätzen, Straßen und Stromleitungen, welch brutale, häßliche Monokultur unsere moderne Wohlstands- und Freizeitgesellschaft hervorgebracht hat. Das ist auch eine Form von Gleichschaltung, von Fremdbestimmung und Vernichtung. Wer seine Heimat wirklich liebt, der kann sie nicht so eigennützig und gedankenlos kaputtbauen lassen, weil sie ihm auf ganz andere Art wert und teuer ist.

Doch der Aberglaube unserer Zeit ist der Glaube an Zahlen und Waren, an Tempo und Quantität. Immer mehr, immer schneller, immer bequemer, immer billiger. Zeit ist Geld, sagen sie, und Geld allein zählt. Was für ein Irrsinn! Alles geht immer leichter, aber keiner hat mehr Zeit. Den Menschen geht's viel besser, aber ihnen ist nichts mehr heilig. Doch wir sollten uns nicht täuschen: So wie wir mit den Dingen umgehen, so gehen wir auch mit der Landschaft um, mit den Tieren, den Bäumen, den Flüssen, dem Boden, der Luft, der Nahrung, und so gehen wir letzten Endes auch mit dem Menschen um: Beschaffen, benutzen, wegwerfen und etwas Neues besorgen. Die schöne Warenwelt eben.

Der Wahnsinn schlägt jedoch auf die Menschen zurück, und in den Ortschaften ab vom Schuß läßt sich das sehr deutlich studieren. Viele Dörfer veröden, die Dorfkerne sind marode, Bauernhöfe aufgegeben, die Gebäude verwaist, Gerätschaften eingemottet. Verschollene Geschichten, abgerissene Verbindungen, weggeworfene Traditionen. Entfremdete Generationen, die sich nicht mehr viel zu sagen haben, zerbrochene Familien, geschlauchte, überforderte Elternteile, vernachlässigte, desorientierte Sprößlinge vor flimmernden Bildschirmen, vereinsamte Alte vor der Glotze. Allein schon das Lazarett der kranken Kinder, die an Allergien, Asthma und Stoffwechselerkrankungen leiden, verdeutlicht den Preis, der dafür zu zahlen ist. Das Frühjahr am Land mit Heuschnupfen und Zeckenangst erleben zu müssen, dies symbolisiert das ganze Elend heutzutage.

Aber mit Autos, Urlaub, Fernsehen, Computern und Telefonen werden die sogenannten Endverbraucher darüber reichlich hinweggetröstet, daß die käuflichen Götzen der Warenwelt ihnen die Ruhe und die Seele rauben. Es ist ein ewiges Drama: Die Leute werfen das unverwechselbar Eigene in den Dreck, um sich x-beliebiges Fremdes anzueignen. Das eigentlich Wichtige muß dem Allerweltszeug weichen. Sie zerstören das Schöne und landen letzten Endes im *Graffel* und im *Grusch* und im *Gschlamb*. »Aber das Eigene muß so gut gelernt sein wie das Fremde.« Da hat Hölderlin schon recht.

❋

Aischgrund, das heißt: Bier und Wein. Diese Gegend war bis in die Hitler-Zeit hinein ein wichtiges Hopfenanbaugebiet. Im 19. Jahrhundert, als das Bierbrauwesen florierte, war viel die Rede vom »Aischgründer«. Damit war ein Hopfen von großer Güte und Blüte gemeint. Die vielen rührigen jüdischen Hopfenhändler sorgten für Export und enormen Umsatz, und die stolzen Bauernhöfe, die »hochrückigen« Scheunendächer mit den Hopfendarren, sie zeugen heute noch von dieser Blütezeit. Namen wie »Burg Hoheneck« und »Roter Berg« dagegen künden vom Weinstock und seinen Reben. Ipsheim und Weimersheim erzeugen erstklassige Weine, auch auf dem nährstoffreichen, wärmespeichernden Gipskeuper bei Windsheim glückt der Weinbau vortrefflich.

Der Aischgrund war immer eine Wiesen-, Klee- und Getreidegegend, bis 1800 wurde hier viel Dinkel, Hafer, Hirse, Flachs und Hanf angebaut. In den 1840er Jahren versuchte man, mit der Pflanzung von Maulbeerbäumen die Seidenraupenzucht einzuführen, aber ohne Erfolg. Als ertragreich erwies sich jedoch der Anbau von Tabak, Pfefferminz und Meerrettich. Der »Gree«, wie man den Kren hier nennt, liebt den tiefgründigen, feinsandigen, feuchten Lehmboden des Aischgrunds. Generationenlang wurden die Stängel und Fechser durch Hausierhandel Hunderte von Meilen hinausgetragen und »verstellt«. Ähnlich ging es bei den Erdbeeren zu, die hier meist »Ananas« genannt werden, zwischen »Heiernd und Schniedernd« zeitig werden und von der ganzen Familie gerupft werden können. Kirschen und Zwetschgen gedeihen hier, aber auch Zuckerrüben, Spargel und Raps, Heilkräuter wie Ringelblumen und der Sonnenhut, Äpfel und Birnen sowieso, Walnuß, Haselnuß, Quitten und Holunder, Schwarzbeern und Pfiffer, Bärlauch und Waldmeister. Und nicht zuletzt die Weiherritter: Hechte, Zander, Waller und Schleien, und natürlich die hochrückigen, frohwüchsigen Karpfen, die als dreisömmrige Speisefische mit Panade herausgebacken werden und mit einem Preisfähnchen in der »reeschn Grusdn« auf dem Teller landen, daß einem das Wasser im Mund nur so ummernanderschwappt.

   Eine stille, fruchtbare, ergiebige Seelenlandschaft.
   Doo binni middi Schnoogn gfloong
   Doo woori in Herrgodd seim Worschdkessl drin
   Doo binni auf der Milchsubbm dohergschwumma
   Doo haddmi der Storch na brachd
   Doo hammi die Gäns ausglachd

Wem das Glück zuteil wurde, seine Kindheit in einer solchen handfesten Landfülle erleben zu können, der wurde geprägt von natürlichen Abläufen und festen Bräuchen, von grundständiger Arbeit, von gemeinschaftlicher Erfahrung im nahen Verbund mit Tieren, Böden und Wettern, von Besitz und geregelten Verhältnissen. Das Leben erschien stets eingerahmt von Anfang und Ende, von den Dotennüss bei der Kindstauf bis zum Worschtlaabla beim Leichenschmaus. Der Schmaus gehörte überhaupt zur Kärwa und zum Heiern, zum Beichten (Konfirmation) und zum Aufrichten, zur Hochzeit das Poltern, Spalierstehen, Geld ausschmaaßn und Grabschen der Kinder. Von Alters her weitergeführte Rituale wie das Richtfest, wenn der Zimmermeister in stolzer Zunfttracht seinen Richtspruch vom Dachstuhl verkündete, die Dorfkärwa mit Ortsburschen und Kärwasau, Schlachtschüssel und Betzentanz, das Wirtshaussingen, Fosernacht, Sonnwendfeier und Pelzmärtel, von all dem ist viel verschwunden. Wenn die Leute im Urlaub aber einmal solche Feste miterleben in fernen Ländern, dann schwärmen sie daheim bilderreich von dieser ursprünglichen Gemeinschaft. Zuhause aber scheren sie sich keinen Deut um das Althergebrachte.

Am Land groß zu werden, das hieß, daß der Tod des Einzelnen noch zum Alltag der Menschen dazugehörte, sich im eigenen Haus ereignete, wo der Verstorbene im Sarg aufgebahrt wurde, um von Angesicht zu Angesicht Abschied nehmen zu können, wo die Nachbarn die Toten trugen, um ihnen die letzte Ehre zu erweisen. Das besaß eine große Würde und Andacht. Heute wird selbst auf den Dörfern schon das Sterben von Krankenhäusern und Bestattungsfirmen geschäftsmäßig übernommen und »anstandslos erledigt«, die Toten bekommt man gar nicht mehr zu Gesicht, sie werden »einwandfrei entsorgt«. All dies zeigt, welch angstverkorkstes Verhältnis die Leute heute zum Tod eigentlich haben.

Machen wir uns aber keine Illusionen: Das Leben »in der guten alten Zeit« war hart, eng und armselig, und das Dorf beileibe keine heile Welt, sondern gnadenlos festgelegt von Besitz und Geschlecht, von Stand und Macht. Aber es besaß auch eine von Not und Nähe erzwungene Gemeinschaftlichkeit, von der wir heute keinen blassen Schimmer mehr haben. Viele kleine Ereignisse wurden gefeiert und begangen: der Niederfall, das Ausdreschen, der Waschtag und das Brotbacken, das Ausbuttern und Einwecken, das Abfischen, Obstdörren und Apfelmosten, das Einmachen von Kraut, Gurken und Weißen Rüben, das Sonnwendfest an Johanni, das Sauschlachten, das Stärkantrinken am Obersttag, das Singen und Geschichtenerzählen beim Hopfenblooden und bei der Rockenstube. Ja, und wenn die »Sutz« zum »Saibeiß« getrieben wurde, also die Sau zum Zuchteber, oder wenn jemand seine Kuh vom Stier in der »Regiebullenhaltung« decken hat lassen, dann offenbarten sich einem Kind tiefe Einblicke in die Gesetze des Lebens. Verglichen damit erscheint einem die Gameboy-Kindheit von heute erschreckend oberflächlich und erlebnisarm.

Der Aischgrund: eine Seelenlandschaft, der bunte Teppich der Kindheit am Land, mit dem Blau der Leberblümchen und Veilchen, dem Rot vom Seidelbast, dem Gelb von Huflattich, Schlüsselblumen und Ginster, dem Weiß der Kirschblüten und Schlehenhecken. Dazu der Chor der Fichten und Kiefern, mit dem alten Holzlied von Spänen, Spreißeln und Scheiten, von den Herzwurzeln und der Schelfenhaut, den grünen Peitschen der Frühlingsweiden, vom Kuckuck und Kiebitz in der Hollerstraibel-Zeit, vom Pfingstvogel im Rüsterbaum und dem Storch in den Grundwiesen, die Rede von »die Schwalm«, vom »Raggl« (Reiher), von »die Herzl« (Elstern), vom »Geierla« (alle möglichen Raubvögel) und vom »Hacht« (Habicht), dann die Bilder von Haberstupfel und Herbstnebel, Vogelbeeren und Federweißen, Erpfelkraiteri und Kesselfleisch, der Winter mit Windeis auf den Wasserlachen, die Blaukrautzeit mit der Stubenwärme bei Hutzelbrot und Backäpfeln.

Vielleicht gehören zu den interessantesten Bewohnern des Aischgrunds Geschöpfe wie der Eisvogel, der Wiedehopf, der Pirol, der Steinkauz, der Brachvogel, die Rohrdommel, das Blaukehlchen, der Schwarzhalstaucher, der Moorfrosch, der Feuerfalter und der Schwalbenschwanz, oder Lebewesen mit so verheißungsvollen Namen wie Wachtelkönig, Rotschenkel, Herbstmosaikjungfer, Großer Puppenräuber, Grüne Keiljungfer, Großes Mausohr, Raubwürger und Neuntöter. Ebenso die zarten, bildhübschen Gewächse wie die Wildtulpe und die Küchenschelle, der Frauenschuh und der Türkenbund, allesamt schöner als jedes Flurbereinigungsdenkmal, jede Mehrzweckhalle und jedes Shopping-Center. Schmuckstücke der Schöpfung, denen der Garaus gemacht wird wie den Flurnamen oder Backhäusern.

✻

Unterwegs sein an Aisch und Aurach, das heißt auch: Kleinode vor dem kundigen Auge. Damit ist nicht der steinschwere, sockelgeparkte Renommierkarpfen gemeint, der als kunstgeschichtliche Ruhmestat im Kreisverkehr thront. Nein, da gibt es echte Perlen wie etwa das Wasserschloß in Neuhaus an der Aisch mit seinem Rundturm und den markanten, ziegelfrohen Hauben im Weiherkleid vor dem Hügelgürtel und dem Waldsaum als Einfassung. Man findet entdeckungswürdige Dorfkirchen und einstige Klostergebäude, etwa die romanische Landkirche in Münchaurach, die auf ein ehemaliges Benediktinerkloster zurückgeht, oder das 1280 begründete Nonnenkloster des Zisterzienser-Ordens in Schlüsselau, das bei den Bauernaufständen 1525 niedergebrannt und 1553 von den Söldnern des Markgrafen zerstört wurde. Man entdeckt Kleinode wie die Kirchenbibliothek in Neustadt an der Aisch, das dortige Nürnberger Tor mit seinen unterirdischen Gängen und Räumen, den Türmersturm und Fähnleinsturm in Herzogenaurach, wo am Kiliansbrunnen der Heilige Kilian gepredigt haben soll. Man stößt überhaupt auf erstaunlich viele Burgen und Schlösser, ob nun in Dachsbach, Birnbaum, Rauschenberg oder in Rockenbach, Breitenlohe, Ullstadt, Sugenheim oder Neustadt an der Aisch. Das Schloß in Neuenbürg ist ein solches Kleinod, aber auch das in Weisendorf, das Schloß in Brunn mit seinem bekannten Rundfunkmuseum, ebenso das Renaissanceschloß in Adelsdorf mit seinem beschaulichen Hof, dem Rundturm und der Kapelle am kleinen Park. Anmutig und stimmungsvoll am See liegt der Barockbau der Seckendorff in Weingartsgreuth, ähnlich schön erscheint das prachtvolle Landschloß in Reichmannsdorf, ein Dientzenhofer-Bau mit See und Park, der inzwischen sogar mit einem Golfplatz seine Aufwartung macht.

 Das mächtige Schloß Weißenstein der Schönborn in Pommersfelden ein Kleinod zu nennen, wäre völlig unangemessen. Die großzügige, geschlossene Barockanlage mit Marstall und Park muß als ein Großod angesprochen werden. Mit der breit ansteigenden Eingangstreppe und dem Himmelsgemälde an der Decke, mit dem Marmorsaal, dem muschelverkleideten Gartensaal, dem Spiegelkabinett und der Gemäldegalerie bildet es einen herrlichen Rahmen für Konzerte, Ausstellungen und repräsentative Veranstaltungen aller Art. Ein echtes Prachtod.

 Weniger bekannt ist dagegen die verfallene Ritterburg in der Dorfmitte von Pommersfelden. Sie stammt aus dem Mittelalter und liegt inmitten eines Wassergrabens; die Rundtürme, der Treppenturm sowie die Ringmauer sind in kümmerlichen Resten noch vorhanden. Diese von efeuumrankten Linden und Buchen bestandene Ruineninsel verströmt heute den Geist eines verwunschenen Ortes. Gleich daneben befindet sich ein Kriegerdenkmal mit drei etwa vier Meter hohen Steinkreuzen, auf denen zu lesen ist: »Lernt glauben, lernt kämpfen, lernt sterben.« Da stockt einem wirklich der Atem.

Daß es in diesem Lande schon immer leichter war, ein Denkmal für Soldaten zu errichten als einen Gedenkstein für Opfer, deuten die Erinnerungsmale für jene deutschen Bürger jüdischen Glaubens an, die während des Nazi-Terrors verschleppt und ermordet wurden bzw. verschollen blieben. Was für Soldaten unter Waffen recht und billig ist, müßte doch für völlig unschuldige Frauen, Männer, Kinder und Alte ganz selbstverständlich sein, sollte man meinen. Aber nur in Mühlhausen, Adelsdorf und am Judenfriedhof in Zeckern gibt es heute solche Gedenksteine. Der graue Granitkeil vor der Kirche in Mühlhausen besitzt symbolische Kraft und mahnt: »Wir lernen nur, wenn wir nicht vergessen.«

Zur ehrenvollen Pflege heimatlicher Traditionen gehören Gedächtnis und Trauer unbedingt dazu. Wie man mit dem Vergangenen umgeht, so behandelt man letztlich auch die Gegenwart. Wer die Toten nicht ehrt, dem sind auch die Lebendigen nichts wert. Jemand, der die jahrhundertelange, oft gedeihliche deutsch-jüdische Geschichte dieses Landstrichs nicht kennt, hat von seiner Heimat wenig Ahnung. Vergessen macht anfällig, aber das Gedenken befreit. Wir sind es uns schuldig.

Zu meinen Lieblingsorten an Aisch und Aurach gehören die Judenfriedhöfe, etwa der in Uehlfeld, außerhalb des Ortes, an der Straße nach Vestenbergsgreuth und Burghaslach, auf dem Zeckernberg links. Dieser Name könnte herstammen vom hebräischen Wort *zachor* für: Erinnere dich, Gedächtnisstätte, Gedenkzeichen. In der ersten Hälfte des 19. Jahrhunderts war zeitweise fast die Hälfte der Bevölkerung Uehlfelds jüdisch. Bestimmte Familiennamen wie Dingfelder, Gutherz, Schwab, Rindsberg und Himmelreich gestalteten das Leben im Ort entscheidend mit. Jüdische Kaufleute und Händler unterstützten die Landfeuerwehr, sorgten für das Dorfpflaster und den Bau der Aischtalbahn, waren aktive Mitglieder bei der Liedertafel, beim Militärverein und dem Volksbildungsverein *Germania*. Der Judenfriedhof hier konnte – wie andernorts auch – nicht einmal zur Hälfte belegt werden, dann brannte die Synagoge und die Juden wurden brutal vertrieben und verschleppt.

Auf den Gräbern am Judenfriedhof in Mühlhausen findet man besonders viele anrührende Lobverse auf die Toten: *Kaum warst zur Blume Du entfaltet, / Ver-*

welktest Du im Sonnenschein. / Der hoch dort über Sternen waltet, / Berief Dich in sein himmlisch Heim, heißt es von Mathilde Oberländer. *Scheiden, ach, zerreißt das Herz, / Bitter ist der Trennung Schmerz, / Aber wonnereich und schön / Ist ein frohes Wiederseh'n*, verheißt ein namenloser Stein. Und am Grab von Sußmann Oberfelder lesen wir: *Es segnen Enkel deine Gruft / Und weinen Tränen drauf, / Und Sommerblumen voll von Duft / Blühn aus den Tränen auf.* Solche Todespoesie sagt viel aus über das Selbstverständnis der jüdischen Bevölkerung zur damaligen Zeit, über ihr Heimisch-Sein in deutscher Kultur.

Ein Judenfriedhof ist ein Ort voll feierlicher Stille und bitterem Ernst. Die stummen Zeichen und Ziffern, die blumigen, wohlklingenden Familiennamen, die eigenartigen Symbole auf den Grabsteinen, rauschende Bäume, wuchernder Efeu, Gras und Moos, alles schafft eine Magie von Geheimnis und Wehmut. Nirgendwo dringt einem die Vergänglichkeit und Nichtigkeit menschlichen Mühens stärker ins Gemüt als hier im *Haus des wahren Lebens*, wie man auf Hebräisch zum Friedhof sagt. Einer der größten, ältesten und schönsten jüdischen Friedhöfe in Bayern ist der in Zeckern, einem Ortsteil von Hemhofen, ein idyllisches, gepflegtes Vogelparadies, das gleichwohl erahnen läßt, wie viele Leben durch die Nazi-Diktatur so grausam zerstört wurden. Gleich am Eingang neben einer Holzbank steht der 1998 errichtete Gedenkstein mit den Namen der einunddreißig getöteten Juden aus der Gemeinde Adelsdorf. Die Grabsteine hier reden von einer weit zurückreichenden Tradition und zeigen eine Fülle jüdischer Symbole: die gespreizten segnenden Hände der Priester, die Kanne der Tempeldiener, das Widderhorn des Schofar-Bläsers, den Menora-Leuchter, den Davidstern. Aber auch traditionelle Bilder lassen sich finden: die Krone des guten Rufs, die Mohnkapseln des Schlafs, das aufgeschlagene Buch, Trauben, Blumenstrauß oder Kranz, dazu Jugendstil-Dekor, klassizistische Säulen, neogotische Formen. Alles Zeugnisse allmählicher Anpassung und bürgerlichen Aufstiegs. Im 19. Jahrhundert durften Juden allmählich Adelige, Professoren, Offiziere, Wissenschaftler, Juristen, Ärzte, Politiker und Wohltäter werden – und sie wurden dennoch Opfer der gräßlichsten Katastrophe des 20. Jahrhunderts. Eine Heimat zu haben, voll integrierte Bürger zu sein, sich große Verdienste um das Gemeinwesen erworben zu haben – es hat ihnen nicht geholfen.

✡

Die Gegend zwischen Höchstadt und Forchheim ist berühmt für ihre Felsenkeller im Freien, die gesegnet sind mit herzhaften Mahlzeiten und mit gutem Bier aus der hauseigenen Brauerei, z.B. in Neuhaus, Weppersdorf, Willersdorf oder Schlammersdorf. Ein malerischer Fleck ist der Kreuzberg bei Hallerndorf und Stiebarlimbach, ein waldumschlossener Wallfahrtsort mit einer Kirche aus dem 15. Jahrhundert, neben der verschiedene Biergärten die Gäste erwarten.

Mein liebster Bier-Ausguck ist der Voggendorfer Keller bei Uehlfeld, der direkt am Aischtalradweg liegt und an einem windstillen, lauen Sommerabend einen reizenden Blick auf das Weihernest Gottesgab und die Waldkämme des Steigerwalds ermöglicht. Man sieht »die Kabbel«, den Lauberberg, wo die Antoniuskapelle steht, eine ehemalige Wallfahrtskirche, neben der sich das Grab der Seherin Sibylla Weis befindet, einer frommen, volksnahen und heilkundigen Wahrsagerin, die ein Edelfräulein aus dem Geschlecht derer von Wetterau gewesen sein soll, die der Sage nach in einem Schloß in Ailsbach lebte und die der Teufel vergeblich zu verführen versuchte, indem er ihr alle Reichtümer der Erde versprach. Als sie starb, lief der Esel mit dem Leichnam von selber zu ihrem Lieblingsplatz am Lauberberg hinauf, wo sie beerdigt wurde. Wenn ihr Grab nurmehr eine Handbreit von der Kapellenmauer entfernt ist, so heißt es, dann nahen die letzten Tage und das große Weltgericht.

Vorerst sieht es jedoch Gott sei Dank noch nicht danach aus. »Also, hobb, nu aans eigschenkt! Aa Seidla geht scho nu.« Und dann wirbelt es einem wieder die alten Sagen und Geschichten aus der Grundsuppe empor... Die Sache mit dem Pfarrer Veit vom Berg, dem ein Buch am Herzen damals das Leben gerettet hat, weil die tödliche Kugel darin stecken geblieben ist. Die Gschicht mit die vierzehn Steinkreuze zwischen Uehlfeld und Demantsfürth, als ein Streit nach einer Hochzeit vierzehn Menschen das Leben gekostet hat. Dann des Mordsding mit dem Meisterschuß von Dachsbach, der voll ins Schwarze getroffen hat: ein Pfeil in den Allerwertesten vom Burgherrn. Die Gschicht von dem Bauernsohn, der seine Braut nachts auf dem Nachhauseweg von der Rockenstube am Roten Stadel so sehr derschreckt hat, daß sie ihn in ihrer Angst aus Versehen totgeschlagen hat. Die Sach mit die drei Brüder, des mit dem Häckelmoo, mit dem Hörnersch Kaschper und die drei Jäger. Das Märchen von der alten Wursthaut, die auszog, ihr Glück zu finden und prall gefüllt im Krautkessel landete, bei Wacholder, Lorbeer und Apfelschnitz. Das Stückla mit dem Ochs von Steppach, der wo a Lokomotiv umgschmaßt hat. Ist nicht Siegfried an der Aischquelle hinterrücks ermordet worden? Liegt nicht das Grab von Attila, dem Hunnenkönig, im Fuchsgraben bei Traishöchstädt? Kam nicht der Schneewittchensarg aus einer Glasfabrik im Aischgrund? Haben die ersten Menschen im Aischgrund nicht Karpfen und Maßkrüge an die Felsenwände ihrer Sandsteinhöhlen gemalt? Haben sie nicht Bratwürste und Saudärme als Amulette um den Hals getragen? Wer hat mir das wieder erzählt von dem Karpfenflüsterer von Tragelhöchstädt, der seiner Brut alte fränkische Lieder vorsingt am Weiher, und den Setzlingen spricht er Mundartgedichte vor, weil er gemerkt hat, daß sie seitdem tiefer gründeln, besser wachsen, und der Reiher rührt sie auch nicht mehr an.

Noch ein Seidla. Die Zeiten gehen hin und her. So golden die Sterne. Die Frösche von Gottesgab. Die Grillen am Kellerberg. Die tausend Stimmen im Grunde. Die Aisch zieht mit der Schneckenpost vorbei. Vom Fluß her hört man eine wundersame Melodey. Sind das die Aischtöchter, die das Aischgold bewachen, den versunkenen Hort der Schnerpfelzuller und Bobbelschnalzer? Will das Aischfräulein Hochzeit halten? Nixen tanzen am Bisamdamm, Nymphen und Elfen geistern durch die Weiden, Erlen und Pappeln. Hörst du den Gesang der Brautmädchen? Sie winden der Aisch den Jungfernkranz aus wiesengrünen Weiden, sie führen uns zu Spiel und Spaß, zu Heu und Lustbarkeiten…

»Also, hobb, eigschenkt! Aa Seidla geht scho nu. Walls worschd is.«

Ach, so golden die Sterne. Die tausend Stimmen im Grunde.

Helmut Haberkamm

Nürnberger Tor in Neustadt an der Aisch

Rathaus in Neustadt an der Aisch

Kirchweih in Neustadt an der Aisch

Ostern in Neustadt an der Aisch

Nürnberger Straße in Neustadt an der Aisch

Marktplatz in Neustadt an der Aisch

Fußgängerzone Wilhelmstraße in Neustadt an der Aisch

Pulverturm in Neustadt an der Aisch

Blick auf Neustadt an der Aisch

In der Bleich in Neustadt an der Aisch

Diespeck

In Diespeck

In Diespeck

Dettendorf

Kaltenneuses

Obersachsen

Turm des Alten Schlosses in Brunn

Rundfunkmuseum im Neuen Schloß in Brunn

Brunn

Gasthof »Goldener Hirsch« in Emskirchen

In Linden

Weiher bei Gottesgab

Bei Willersbach

Forst

Ehe

Kästel

In Oberreichenbach

In Unterreichenbach

Hauptstraße in Gutenstetten mit altem Ziehbrunnen

Brauerei Windsheimer in Gutenstetten

Storchennest auf dem Pfarrhaus in Gutenstetten

Wehrkirche in Reinhardshofen

Blick auf Schornweisach

Nonnenmühle

Eselsmühle

Schloß in Rauschenberg

Bei Rauschenberg

Bei Rauschenberg

In Oberhöchstädt

Wohnturm des ehemaligen Wasserschloßes in Dachsbach

Rohensaas

Weiher in Rohensaas

Birnbaum

Überschwemmung bei Demantsfürth und Uehlfeld

In Arnshöchstadt

Judenfriedhof in Uehlfeld

Unteres Torhaus in Uehlfeld

Vestenbergsreuth

Gänse in Vestenbergsreuth

Blick auf Hermersdorf

Blick auf Burgweisach

Ochsenschenkel

Gleißenberg

Unterwinterbach

Pferdegespann bei Lach

Hermersdorf

In Elsendorf

Lager der Firma Puma in Elsendorf

Marktplatz in Schlüsselfeld

Stadttor in Schlüsselfeld

Firma Dennert in Schlüsselfeld

Schloß in Weingartsgreuth

Schloß Reichmannsdorf

Himmel bei Stolzenroth

Himmel bei Stolzenroth

Himmel bei Stolzenroth

Schloß Sambach

Schloß Weißenstein in Pommersfelden

Treppenhaus und Marmorsaal in Schloß Weißenstein

Schloß Weißenstein

Bauer bei Zentbechhofen

Blick auf Zentbechhofen

Zisterzienserinnenkloster in Schlüsselau

Kreuz in Schweinbach

Eishockey in Förtschwind

Aisch in Willersdorf

Bei Lauf

Bei Saltendorf

Laufer Mühle

In Aisch an der Aisch

Bei Bösenbechhofen

Schloß in Adelsdorf

Firma Soldan in Adelsdorf

Bei Nackendorf

Nackendorf

Am Ortsrand von Höchstadt an der Aisch

Gemeinschaftsgefrieranlage in Etzelskirchen

Alte Aisch-Brücke in Höchstadt an der Aisch

Alte Aisch-Brücke in Höchstadt an der Aisch

Marktplatz in Höchstadt an der Aisch

Altstadtfest in Höchstadt an der Aisch

Altstadtfest in Höchstadt an der Aisch

Stadtturm in Höchstadt an der Aisch

Schloß in Höchstadt an der Aisch

Früheres Kommunbrauhaus, jetzt Sitzungssaal für den Stadtrat in Höchstadt an der Aisch

Ehemalige Schuhfabrik Manz-Fortuna in Höchstadt an der Aisch

Dachlandschaft in Höchstadt an der Aisch

Auf dem Kellerberg in Höchstadt an der Aisch

Mühle in Mailach

Überschwemmung bei Mailach

Marktplatz in Lonnerstadt

Blick auf Lonnerstadt

In Lonnerstadt

Schloß Neuhaus

Neuhaus

Heppstädt

In Hemhofen

Judenfriedhof in Zeckern

Schloß Hemhofen

In Uttstadt

Mohrhof

Krausenbechhofen

In Heßdorf

In Heppstädt

Marter in Heßdorf

St. Michael, Großenseebach

Wehrkirche in Hannberg

Untermembach

Untermembach

Pfarrkirche St. Magdalena und Vehnturm in Herzogenaurach

Gasthaus Polster, eine frühe Braustätte aus dem 18. Jahrhundert, in Herzogenaurach

Historische Gebäude im Herzogenauracher Steinweg

Hauptstraße mit Altem Rathaus und Vehnturm in Herzogenaurach

Türmersturm in Herzogenaurach

Der »Kreuzschlaafer« am Weg zum Kirchenplatz in Herzogenaurach

Der hl. Nepomuk am Herzogenauracher Steinweg, wo früher ein Stadtgraben existierte

Altes Rathaus in Herzogenaurach (vor der Umgestaltung der Hauptstraße)

Lehensturm in der Reytherstraße in Herzogenaurach

Keimzelle des Weltunternehmens adidas in Herzogenaurach

INA Wälzlager Schaeffler in Herzogenaurach

Ehemalige Klosterkirche in Frauenaurach

Alte Klosterkirche in Frauenaurach mit romanischem Portal

»Schwarzer Adler« in Frauenaurach

Vormaliges Gasthaus im Zentrum von Frauenaurach

Aurachbrücke in Neundorf

Festzelt in Münchaurach

Aischgründer Karpfen in Aisch

Karpfenabfischen in Stiebarlimbach

Mein Aischgrund

Der nun dritte Band dieser Reihe »Mein...« führt – nach der »Fränkischen« und den Haßbergen – von Bamberg in südwestlicher Richtung in den Aischgrund. Der dargestellte Raum entspricht in etwa dem ehemaligen Landkreis Höchstadt/Aisch. Ein weiteres Gebiet, das meine Heimatstadt Bamberg umschließt.

Je vollständiger diese Reihe wird, desto sichtbarer wird der Grundgedanke dieser Arbeit: eine fotografische Untersuchung des Bamberger »Umlandes« zu erarbeiten. Einen Teil Frankens (in dessen Mittelpunkt Bamberg liegt) mit all seiner Unterschiedlichkeit und Übereinstimmung vorzustellen.

Mein Anliegen ist es, diesen Lebensraum rund um Aisch, Reiche Ebrach und Aurach ohne Verklärung darzustellen, aber trotzdem seine Vorzüge und das, was zu bewahren ist, ins Bewußtsein zu bringen. Die fränkische Vielfalt und das Eigentümliche, soweit noch vorhanden, dem Betrachter vor Augen führen. Den Kenner und den unvoreingenommenen Entdecker einzuladen, sich hier umzusehen.

Erich Weiß

Erich Weiß

Geboren am 8. Oktober 1955 in Hollfeld
Volksschule in Hollfeld, Realschule in Ebermannstadt
Ausbildung zum Bauzeichner in Bayreuth
Fachoberschule in Bayreuth
Studien der Architektur in Coburg und Stuttgart
Studium der Sozialpädagogik in Bamberg
Tätigkeit als Sozialpädagoge in Bamberg
1991 Gründung des Erich Weiß Verlages,
seither freischaffend als Fotograf und Verleger in Bamberg
Mitglied der Gruppe »Arbeiterfotografie Bamberg«
2001 Berganza-Preis des Kunstvereins Bamberg

Buchveröffentlichungen (Auswahl):
Benät – Keesköhl –Stazinäri. Bamberg – seine Gärtner und Häcker, 1993
Praha – Bamberg, 1998
Alte Frauen, 1998 (Schwarze Reihe, Bd. 1)
Venedig, 1999 (Schwarze Reihe, Bd. 2)
Meine »Fränkische«, 1999 (mit Gerhard C. Krischker)
Meine Haßberge, 2000 (mit Gerhard C. Krischker)

Schwerpunkt der fotografischen Arbeit von Erich Weiß ist die Darstellung von Lebensräumen. Dabei benutzt er verschiedene Formen, z. B. soziologisch-volkskundlich orientierte Dokumentationen; konzeptionelle, streng mathematisch aufgebaute Stadtuntersuchungen; flaneurhafte Begegnungen mit einem Typus Mensch oder mit Situationen. Im vorliegenden Buch versucht er, durch eine weitgehende Konzentration auf Architektur und Landschaft mit den darin lebenden Menschen ein nachvollziehbares Bild des Aischgrunds herzustellen.

Helmut Haberkamm

Geboren am 3. Dezember 1961 in Dachsbach im Aischgrund
Gymnasium in Neustadt an der Aisch,
Zivildienst in Windsbach,
Studium der Germanistik, Anglistik und Amerikanistik in Erlangen und Swansea,
Promotion über britische Gegenwartsdichtung nach 1960,
seither Gymnasiallehrer in Spardorf bei Erlangen

Auszeichnungen:
Ossi-Sölderer-Preis der Bayerischen Mundartfreunde 1989
Bayerischer Kulturförderpreis 1993
Kulturförderpreis der Stadt Erlangen 1996
Kulturförderpreis des Bezirks Mittelfranken 1999
Förderpreis der Bayerischen Theatertage 2002

Gedichtbände:
Frankn lichd nedd am Meer (1992)
Wie di erschdn Menschn (1993)
Leem aufm Babbier (1995)
Lichd ab vom Schuß (1999)
Des sichd eich gleich (2001)

Theaterstücke:
Schellhammer I und II (1996–1998)
Der Kartoffelkrieg. Eine fränkische Powenziade (2000)
No Woman, No Cry – Ka Weiber, ka Gschrei (2001)

CDs:
Frankn lichd nedd am Meer und mehr und mehr (1997)
Komm süßer Tod (2001)

Erich Weiß und Helmut Haberkamm